Wer im Schutz des Höchsten wohnt

Trostpsalmen der Bibel
ausgelegt von Jörg Zink
Bilder aus dem Stuttgarter Psalter

Verlag am Eschbach

Er ist zu bewundern, der Ritter auf dem Umschlag dieses Heftes, der so sicher und fest auf einer Schlange und auf einem Löwen steht. So sicher möchte man stehen, wenn das Böse sein Haupt erhebt oder die tödliche Gefahr.
Ein Mönch hat ihn gemalt. Es war die Zeit nach Karl dem Großen, um das Jahr 820 oder 830. In dem Kloster St. Germain des Prés bei Paris schrieb einer von Hand ein Psalmenbuch und malte zwischen die Textzeilen Bilder dazu. Er malte, was er beim Lesen der Psalmen empfand: die Klage und das Vertrauen, die Bitte um Gottes Schutz und den Dank für die Bewahrung, die er erlebt hatte, wie es die Psalmen selbst tun. Und er selbst malte seinen Glauben an Christus in die Psalmen hinein, so als sprächen diese Lieder aus dem Alten Testament schon von ihm.
Sein Buch liegt seit 200 Jahren in der Landesbibliothek in Stuttgart, und weil man den Namen des Malers nicht weiß, nennt man es den „Stuttgarter Psalter". Es gehört zu den schönsten und gedankenreichsten biblischen Handschriften, und ich selber betrachte mir seine Bilder immer und immer wieder seit vielen Jahren.
Vielleicht hat der Mönch aus jenem Kloster bei Paris sich manchmal gewünscht, dieselbe Kraft und Sicherheit zu besitzen wie der Ritter, den er gemalt hat; und er wußte doch, daß wir Menschen dem Bösen auf dieser Welt nur sehr wenig entgegenzusetzen haben, daß wir kaum mit unserer eigenen Angst zurechtkommen geschweige mit der Gefahr, die uns an Leib und Seele umgibt. Aber nun malt er ihn doch, den Menschen, der das kann, was wir nicht können.
Der hält das Wort von Gott in Gestalt eines Buches in der linken Hand und hört, was über dem Bild in lateinischer Sprache zu lesen ist:

Über Löwen und Ottern wirst du schreiten,
Löwen und Drachen wirst du zertreten. (Psalm 91,13)

Wir selber stehen dem Bösen und dem Unheil viel eher so gegenüber wie der Mann auf einem Bild zu Psalm 58 (siehe S. 3): wehrlos, ihm ausgeliefert. Wir haben keine Lanze in der Hand und tragen keine Rüstung und keinen Helm, und wenn uns nicht ein anderer schützt, sind wir verloren.

Das bist du, sagt der Maler. Aber er zeigt auch einen Baum hinter dem einsamen Menschen und sagt damit: Wie dieser Baum dasteht, fest eingewurzelt, so stehst du, auch wenn es so aussehen mag, als sollte dich die riesige Schlange im nächsten Augenblick zu Boden werfen. Sei ohne Angst. Du brauchst dich nicht selbst zu wehren. Ein anderer hält dich fest.

Ich liebe den Herrn,
denn er hört die Stimme meines Flehens.
Er hat sein Ohr zu mir geneigt,
so will ich dich mein Leben lang anrufen.
Die Stricke des Todes hatten mich umschlossen,
Ängste der Unterwelt mich befallen,
ich kam in Not und Kummer.
Aber ich rief den Herrn an:
Ach, Herr, errette mein Leben! (Psalm 116,1–4)

Das sind die Worte, zu denen der Maler sein Bild auf der folgenden Seite malt. Da steht der Beter des Psalms, breitet die Arme aus, um Gott zu rufen, und sein Gesicht sagt deutlich genug, daß er durchaus nicht sicher ist, sein Ruf werde ein Ohr finden. In Panzer und Kettenhemd, wie ein adliger fränkischer Ritter jener Zeit, gestiefelt, aber ohne Waffen – so steht er da und weist mit der übergroßen rechten Hand zu einem Baum hinüber, während das Wehen des Mantels anzeigt, woher die Gefahr kommt.

Die große Hand deutet auf den Baum hin und sagt: Schau her, das bin ich! Siehst du die Schlange? Sie wird mich abwürgen! Einen Augenblick lang mag man sich darüber wundern, daß ein so wehrhafter Mann es nicht selbst mit der Schlange aufnimmt. Aber offenbar hat er es mit einer Gefahr zu tun, der mit Spieß und Schwert nicht beizukommen ist, die ihn vielmehr verschlingen wird, wenn nicht Gott selbst sie abwendet.
Und da sieht er, wie Gott ihm „sein Ohr zuneigt"; nein, nicht eigentlich Gott, sondern Jesus Christus. Und dieser Christus hat kein Ohr, sondern schaut aufmerksam und gesammelt zu ihm herab. Das nahe, zuhörende

Gesicht des Christus, in dem Gott sich ihm zuwendet, ist das, was ihn tröstet. Um des vertrauenswürdigen Bruders willen ist er bereit, dem Vater zu glauben. Die Schlange aber wendet sich nach links und speit ihr Gift gegen den Bildrand. Nur der gewellte Schwanz berührt – fast – noch den Stiefel.
Offenbar war der Psalmsänger gefangen, bedroht durch ein Todesurteil. „Stricke des Todes" hatten ihn gebunden, die Angst vor der Unterwelt ihn ergriffen. Und wir ahnen, wenn wir das Gift sehen, das die Schlange ausspeit, die Größe der Gefahr.
Aber nun, da Gott gehört, da er helfend gehandelt hat, wendet sich die Schlange ab. Der Beter ist gerettet. Der Baum steht noch immer in seiner vollen Kraft, und zwei seiner Blätter reichen aus der Zone der Bedrohung hinauf über den Himmelsrand. Der Ritter aber hat den festen Grund eines hellen Felsens unter sich, auf dem er nun als freier Mensch Stand und Halt hat.

Was hören wir von Gott? In welcher Sprache redet er zu uns? Welcher Stimme können wir vertrauen, so daß wir uns geborgen wissen können? Der Mönch aus St. Germain des Prés kam an den 19. Psalm und malte die Tage und Nächte; und ich stelle mir vor, daß er sie mit einem leisen Lächeln gemalt hat:

Die Himmel erzählen die Herrlichkeit Gottes,
das Firmament verkündigt seiner Hände Werk.
Ein Tag sagt es dem anderen weiter,
und was eine Nacht von Gott weiß, sagt sie der nächsten ins Ohr.
Sie reden ohne Worte und Sprache,
unhörbar bleibt ihre Stimme.
Doch ihre Botschaft geht über alles Land
und an das Ende der Welt ihr Raunen.
Dort hat er der Sonne ein Zelt gebaut.
Sie tritt aus ihrem Gemach wie ein Bräutigam,
sie frohlockt wie ein Held und läuft ihre Bahn.
An einem Ende des Himmels geht sie auf und läuft bis ans andere,
nichts kann sich vor ihrer Glut verbergen.

Was hören wir von Gott? So fragt der Psalmsänger. Wie klingt es eigentlich, wenn er spricht? Was teilt er mit? Und er antwortet: Wer zuzuhören vermag, hört überall Stimmen, ohne Wort oder Sprache. Lautlos und doch redend, singend, anbetend. Ein Tag redet zum nächsten und eine Nacht zur folgenden. Und diese Sprache wendet sich nicht an die leiblichen Ohren, sondern an die Aufmerksamkeit des Herzens.

Da stehen sie wie Menschen, die miteinander reden, leise, jeder dem nächsten ins Ohr flüsternd, in langer Reihe, die Tage und Nächte, und wer ihnen zuhört, vernimmt ein Wort über den Gott, der diese Welt geschaffen und den Lauf der Zeit geordnet hat. Sie tun den Willen Gottes, der ihnen gebot, in unablässigem Umlauf einander zu folgen, und das heißt, sie ehren Gott, seine heilige, unnahbare Gegenwart, nicht, indem sie ihn mit lauter Stimme preisen – das ist dem Menschen vorbehalten, nachdem er zuvor das Unhörbare gehört hat.
Zwölf Männer stehen da nebeneinander und wenden sich einander zu. Mit den Händen deuten sie einander das Geheimnis, von dem die Rede ist, aber alle tun es mit geschlossenem Mund. In der Mitte trägt einer eine Schriftrolle, das heißt die Botschaft, die sie einander weitergeben.

In einer kaum merkbaren Steigerung wendet sich der untere Saum ihrer Gewänder immer höher; und die Füße, die links noch nebeneinander stehen, scheinen von der Mitte an sich übereinander zu erheben, als stünde jeder auf dem Fuß seines Nachbarn. Irgend etwas steigert sich von links nach rechts. Offenbar wird ihre Sprache intensiver, je aufmerksamer der Mensch geworden ist und je länger er ihrer Sprache zuhört.
Am Ende des 19. Psalms aber fügt sich der Sänger in den Lobgesang der Tage und Nächte mit seinem eigenen Lied und bittet Gott:

Laß dir gefallen, was ich dir singe,
und höre, was mein Herz zu dir spricht,
Herr, mein Fels, mein Erlöser!

Und in diesem Vertrauen beginnt er nun auch, über sich selbst zu lächeln. Er malt (siehe S. 9), was der 43. Psalm sagt:

Sende dein Licht und deine Wahrheit, daß sie mich leiten
und bringen zu deinem heiligen Berg und zu deiner Wohnung,
daß ich hineingehe zum Altar Gottes,
zu dem Gott, der meine Freude und Wonne ist,
und dir, Gott, auf der Harfe danke, mein Gott.
Was betrübst du dich, meine Seele,
und bist so unruhig in mir?
Warte auf Gott, denn ich werde ihm noch danken,
daß er meines Angesichts Hilfe und mein Gott ist.

Eine kleine, kümmerliche Frauengestalt sitzt auf einem dunkelgrünen Hügel und blickt sorgenvoll in die Ferne. „Anima”, die Seele, lesen wir rechts und links von ihr.
Der Psalmsänger oder auch der Schreiber selbst, der seine eigenen Gedanken zu diesem Lied malt, steht am linken Bildrand. Er hält sein Psalterium vor sich und reißt die Saiten mit einem kleinen Holz an. Aber ihm ist nicht nach Lobgesang zumute. Traurig schauen seine großen Augen in die Ecke. Was ihm Kummer macht, ist, daß er nicht weiß, warum Gott so fern ist und so wenig von seiner Gegenwart und seiner

Freundlichkeit zu sehen. Hat Gott ihn vergessen? Er weiß zwar in der Ferne einen Ort, an dem er Gott finden könnte, einen Tempel, aber er kann ihn nicht erreichen. In der Ferne weiß er auch einen Himmel, in dem Gott thront, aber Gott nimmt ihn von dort aus offenbar nicht wahr. Dabei hängt doch sein Leben und Werk davon ab, daß Gott ihn sieht. So tröstet er sich allein noch damit, daß es wohl nur eine Frage der Zeit sei, bis er mit freiem Herzen Gott wieder danken dürfe und ihn mit seinem Lied preisen.

Freilich, der Mund möchte lieber seinen Jammer hinausschreien als das Lob Gottes singen, wie der Psalm es von ihm verlangt, und der Stock, den der Sänger sich unter die Achsel gesteckt hat, um sich darauf zu stützen, ist noch ein zusätzlicher Hinweis darauf, wie mühsam es ist, Gott „auf dem Saitenspiel zu loben und ihm zu danken".

Der Schreiber der Handschrift möchte erreichen, daß es dem Betrachter gelingt, über sich selbst und seine Sorgen zu lächeln. Einsam, zurückgezogen, versunken in ihre grauen Gedanken sitzt die kleine Frau auf dem Berg ihrer Ängste und Kümmernisse und blickt ins Weite. Aber sie will auch in der Ferne nichts wahrnehmen. Die rechte Hand liegt über dem Gesicht. Mit dem Daumen stützt sie ein wenig das Kinn, den kleinen Finger hat sie im Mund, mit den übrigen verdeckt sie die Augen. Es gibt nichts zu sehen. Die Ferne ist so leer wie die Nähe, und die Welt hat nichts zu geben außer Angst und Kummer. Es ist die depressive, in sich selbst versunkene und vergrabene Seele, allein mit sich selbst.

So kann die arme, ratlose Seele auch nicht sehen, wie zu ihren Füßen fünf üppige Blumen blühen, eben dort, wo der Betrachter zunächst nur die aufgetürmten, gehäuften Sorgen der Seele vor sich hat. Und sie kann auch nicht sehen, wie hinter ihr und ihrem Berg ein starker und lebendiger Baum mit fünf kräftigen, fünffach gegliederten Blättern aufwächst. Sieh hierher!, sagt der Maler. Wo du deine Sorgen hingeschüttet hast, wo du dir einen Berg aufgehäuft hast, um dich aus der Welt und von den Menschen und auch von Gott zurückzuziehen, dort hat Gott dir Blumen wachsen lassen. Er läßt dir nicht das große Glück wachsen, nicht den großen Erfolg, nicht das Gelingen aller deiner Pläne, er bewahrt nicht alles, woran dein Herz hängt, aber er gibt dir diese Blumen gerade vor deinen Füßen.

Wichtiger allerdings als die kleine Freude, die dir bleibt, ist der Baum hinter deinem Rücken. Dort, wohin du in deiner Mutlosigkeit nicht sehen kannst, wächst ein Baum. Er wurzelt im Erdboden des Elends, in dem violetten Streifen am unteren Rand. Er wächst über das hell-lila Feld in den rötlichen Streifen hinauf, vor dem du sitzt, ohne ihn wahrzunehmen. Und mit seinem obersten Blatt ragt er über den Rand deines Daseins hinauf, wie auch deine eigene Stirn mit all ihren Sorgenfalten hinausreicht in die Höhe, aus der dich Gottes Nähe berühren will.
Ein Baum mit so kräftigen Blättern ist in der Sprache dieser Handschrift immer wieder ein Symbol für ein Leben, das Stand und Wurzel in festem Grund hat, das aufwächst und grünt, das gelingt und Sinn hat. Daß der Baum im Hintergrund steht, will sagen: Was aus deinem Leben wird, kannst du nicht sehen. Was Gott daraus macht, sieht man nicht mit menschlichen Augen, schon gar nicht mit Augen, die die Sorge verdeckt.

Den Sinn, den er in deinen Kummer gelegt hat, kannst du nicht wahrnehmen; und ob das Glück kommt oder nicht, ob dein Werk gelingt oder nicht, ob deine Mühe ihren Ertrag bringt oder nicht: Die Absicht Gottes kannst du nicht erkennen. Der Baum deines Lebens und Schicksals wächst hinter deinem Rücken. Aber er wächst, du darfst dich darauf verlassen.

Seine Wahrheit ist Schutz und Schild",
lesen wir im 91. Psalm.
„Du brauchst dich nicht zu ängsten vor dem Grauen,
das in der Nacht umgeht,
vor dem Pfeil, der am Tag fliegt,
vor der Pest, die im Finstern schleicht,
oder der Seuche, die in der Mittagshitze wütet.
Denn du hast Gott zu deiner Schutzwehr
und fliehst zu ihm wie in eine Burg.
Kein Unheil wird dir begegnen
und kein Elend umstellt dein Haus."

Wieder steht Christus vor uns (siehe S. 11). Aber es ist nicht der Held, den der fränkische Mönch auf dem Umschlagbild dieses Heftes in die Rüstung eines Ritters seiner Zeit gesteckt hat. Es ist der bedrohte Christus, der sich in den Schutz Gottes flüchtet.
Er steht in einem runden Feld, und ein leuchtender Ring umgibt ihn. Um den Ring her ist die Zone der Gefahr. Es ist, als berge sich dieser Christus in einem großen runden Schild, und wir sähen durch den Schild hindurch.
Denn einen Schild hat er bitter nötig: Links steht der Teufel und stößt mit einem Speer zu, und der Speer gleitet an dem Schild ab. Von links und von rechts dringen je drei Schlangen herzu, aber sie kommen nicht zum Ziel, sie stoßen wie an eine gläserne Wand. Und der Christus steht unversehrt in dem schützenden Ring der Gegenwart Gottes.
Es ist, als rede Christus mit dem Teufel und als weise er dabei auf ein Buch hin. Und wenn wir der Situation auf den Grund gehen, erkennen wir, daß der Maler nicht nur den alttestamentlichen Beter in die Gestalt

des Christus gefaßt, sondern auch eine ganz bestimmte Christusgeschichte in den 91. Psalm eingezeichnet hat.

Das 4. Kapitel bei Matthäus erzählt, was der Mönch gemalt hat: „Da ward Jesus vom Geist in die Wüste geführt, auf daß er vom Teufel versucht würde. Und da er vierzig Tage und vierzig Nächte gefastet hatte, hungerte ihn, und der Versucher trat zu ihm und sprach: Bist du Gottes Sohn, so sprich, daß diese Steine Brot werden. Und er antwortete und sprach: Es steht geschrieben: Der Mensch lebt nicht vom Brot allein, sondern von einem jeden Wort, das durch den Mund Gottes geht." Indem er das sagt, schließt sich um ihn der helle Ring des Schutzes Gottes. – Das Wort, auf das er mit der Hand verweist, ist die vom Dichter des Psalms gemeinte Hilfe, wenn er sagt:

Wer im Schutz des Höchsten wohnt,
wer im Schatten des Allmächtigen bleibt,
darf zu ihm sagen: Meine Zuflucht, meine Burg.

Bewahre mich, Herr, vor der Hand der Gottlosen;
behüte mich vor den Gewalttätigen,
die mich zu Fall bringen wollen.
Die Anmaßenden legen mir Schlingen, sie breiten Stricke aus zum Netz
und stellen mir Fallen auf den Weg.
Ich aber sage zum Herrn: Du bist mein Gott.
Höre, Herr, die Stimme meines Flehens."
So lautet die Klage eines bedrohten Menschen im 140. Psalm.

Das Dasein – das zeigt der Maler des Stuttgarter Psalters immer wieder – hat drei Zonen: die Zone der Gefahr und des Todes, die hier in bläulichem Schwarz gehalten ist; die Zone Gottes oder des Himmels, in hellem Gelb wiedergegeben oberhalb der blauen Wellenlinie des atmosphärischen Himmels; und dazwischen die Zone des Glaubens und der Bewährung, aber auch der Bewahrung, dargestellt in dunklem Rot.
Zwischen zwei schwarzblauen Bergen steht ein einsamer Mann. Hinter ihm kauern zwei kleinere Menschen, die heimlich hinter ihm herschleichen und ein schweres Seil, das sie ausgelegt haben, an seinen Enden fassen, um es zusammenzuziehen, sobald er dazwischentritt. Er sieht die

Gefahr und ruft, die Hand an den Himmelsrand hebend, nach einem schützenden Eingreifen Gottes. Er ist nicht Christus, obwohl die Gesichtszüge es nahelegen. Er trägt nicht den Kreuznimbus. Aber es ergeht ihm wie Christus, und er beruft sich darauf, daß er „in Christus" sei und „Christus in ihm".

Der Herr ist mein Hirte,
mir wird nichts mangeln.
In einer reichen Aue ist meine Weide,
frisches Wasser quillt mir, wo immer er mich hinführt.
Er erquickt meine Seele.
Er führt mich auf rechten Wegen, denn Gott ist es, der mich leitet.
Und wenn ich im finstern Tal wandre,
fürchte ich doch kein Unheil, denn du bist bei mir.
Dein Stab, dein Speer, sie schützen mich und geben mir Frieden.

Der „Hirte" steht auf dem Bild zum 23. Psalm (siehe S. 13) zwischen zwei Bäumen in einer düsteren Landschaft, im „Tal der Todesschatten". Der linke Baum scheint in einen tiefen Schatten getaucht, der rechte wirkt frischer in seinem lichteren Grün. Er steht am Wasser, hat also Leben und Nahrung. Er ist der Baum, der auch an anderen Stellen der Bibel ein Gleichnis ist für einen von Gott gesegneten Menschen. Aber gerade um diesen frischen, gesunden Baum windet sich eine Schlange, wie um seine Lebenskraft abzuwürgen. Sie fährt mit geöffnetem Maul drohend auf den Hirten zu. Der aber hält den Kreuzstab. „Stecken und Stab" übersetzen wir. Gemeint ist mit diesem doppelten Wort einerseits die mit Eisen beschlagene Keule, mit der der Hirte seine Herde gegen Raubtiere oder räuberische Menschen verteidigt, andererseits der Leitstab, den er gebraucht, wo immer ein Schaf zurückbleibt oder sich seitab wendet. Beides vereinigt der Maler zu dem schmalen Stab, der an seinem oberen Ende ein schönes griechisches Kreuz trägt. Der Maler sagt damit: Was mich im Tal der Todesschatten leitet und tröstet, das ist nicht irgendein Hirtenstab, sondern das Kreuz. Sehe ich das Kreuz an, dann weiß ich, daß die Schlange mich nicht bedroht. Denn dieser Christus bekämpft die Schlange nicht, und ich, der mit ihm im finsteren Tal ist, brauche es auch nicht zu tun, weder außer mir, noch in mir selbst. Das Kreuz steht in der dunklen Landschaft aufrecht, klar, leuchtend. Darauf, so sagt der Maler sich selbst und dem Betrachter seiner Bilder, verlasse dich. Es gibt keinen anderen festen Punkt, auf den du zugehen könntest, wenn es wirklich dunkel wird, als dieses Zeichen der Liebe Gottes und der Auferstehung aus jeder Art Tod in das bleibende Leben.

Du deckst einen Tisch vor meinen Augen,
allen meinen Feinden zum Trotz.
Du salbst mein Haupt mit Öl
und füllst meinen Becher.
Mit Güte und Freundlichkeit umgibt mich der Herr
alle Tage meines Lebens,
und ich habe Wohnrecht in seinem Haus,
jetzt und in Ewigkeit. (Psalm 23,5–6)

Vom Herrn kommt es, wenn eines Menschen Schritt fest wird,
und er Gefallen an seinem Wege hat",
liest der Maler im 37. Psalm.
„Fällt er, so wird er doch nicht zerschmettern,
denn der Herr hält ihn bei der Hand."

Rechts beginnt die Erzählung. Da erhebt sich hinter einem steilen Berg ein finsterer Mann, einen schweren Knüppel in der Hand. Was er vorhat, demonstriert ein zweiter, der am linken Fuß des Berges steht und seinen Knüppel schwingt. Vor ihm liegt einer am Boden, herabgestürzt vom Berg und nun der Gewalttat des Mannes, der hinter ihm ausholt, wehrlos ausgeliefert.

Das ist der Lauf der Welt, meint der Maler und stimmt überein mit dem, was auch der Psalmdichter schreibt. Dies ist der Lauf der Dinge, wenn nicht Gott rettet, wenn nicht Gott Gefallen hat am Weg des Menschen.

Der Mensch, der da unten liegt und keine Rettung mehr zu erwarten hat, trägt keinen Nimbus.
Aber nun geschieht das Erstaunliche: Während sein Verfolger hinter dem Berg zurückbleibt, überfliegt einer die Schlucht, in die der andere gestürzt war, oder besser: er wird von der Hand Gottes, die aus dem Himmelsbogen herausgreift, über die Schlucht hinweggerissen, frei fliegend. Gott greift ein, das ist die staunende Erkenntnis des Dichters, und mitten in einer hoffnungslos von Gewalt bestimmten Welt schützt Gott den, „an dessen Weg er Gefallen hat".
Unten links aber stehen Menschen, dicht gedrängt, die den seltsamen Vorgang beobachten und nun dankbar und staunend bekennen, was derselbe Psalm sagt:

Ich bin jung gewesen und alt geworden
und habe noch nie den Gerechten verlassen gesehen.

Sie wundern sich über das Schauspiel, das sich ihnen bietet, und sie bekennen, was sie dabei begriffen haben: Die Gefahr ist übergroß. Sie wird überwunden, wo Gott eingreift. Der Tod ist stärker als das Leben, es sei denn, Gott rette das Leben aus dem Tod.
Der Maler aber gibt dem fliegenden Menschen Züge, die an Jesus Christus erinnern, und vielleicht will er sagen: Das ist es, was wir bekennen: Gott hat den Christus über den Abgrund des Todes hinübergerissen und wird es mit allen denen tun, die ihm zugehören und ihn bezeugen.
Mit einer unglaublichen Geste des freien Flugs ist hier Auferstehung gemalt: Seinsfülle aus Gott über Tod und Grab hinaus. Gefordert aber ist von den Menschen, die hier zuschauen, das Wagnis, nun alles auf diesen Glauben zu setzen, bereit zu sein, daß ihnen Gott gleichsam die Füße wegzieht und sie zu sich herüberreißt, damit das einzig Wichtige geschehen kann: Überwindung des Todes, des Bösen und aller seiner Macht.

Aber noch fliegen wir nicht, sondern stehen auf dieser Erde. Und noch endet die Klage nicht. Im Psalm 3 lesen wir:

Ach Herr, wie sind meiner Feinde so viel
und widerstehen mir so viele!
Viele sagen mir: Er hat keine Hilfe bei Gott!
Ich aber rufe mit meiner Stimme zu Gott,
und er erhört mich von seinem heiligen Berg.
Ich liege und schlafe und erwache;
denn der Herr hält mich.

Und da zeichnet der Mönch von St. Germain zwei Szenen nebeneinander. Auf der linken ruht der Psalmsänger auf einem Lager, und die „Feinde", zehn an der Zahl, drängen sich um ihn und beraten, was sie tun können, um den Schläfer zugrunde zu richten. Er aber stützt das Gesicht mit der Hand und schläft.
Auf der rechten Szene kniet Jesus auf der Erde und ruft zu Gott aus einem Herzen voll Angst. Mit seiner lang ausgestreckten Hand breitet er vor Gott aus, was ihn ängstet. Über ihm aber wölbt sich der Himmel tief herab, breite Strahlen machen die Nacht hell, und die Hand Gottes berührt ihm das Haar, als wolle sie sagen: Du weißt doch: es fällt kein Haar von deinem Haupt ohne den Willen des Vaters.
Links aber schläft einer in tiefem Frieden, weil Jesus für ihn gewacht hat.

Er trägt, während er schläft, den goldenen Nimbus. Er braucht nicht mehr zu schreien und zu fragen. Er braucht nicht mehr ins Finstere zu starren. Er findet den Frieden im Schutz Gottes und hat nun die Gelassenheit, die er braucht, um einzuschlafen.

Jauchzt dem Herrn zu, alle Lande!
Besinget seine Herrlichkeit, rühmt ihn in Ehrfurcht.
Sprecht: Wunderbar sind deine Werke!
Deine Feinde müssen sich beugen vor deiner großen Macht.
Alle Welt beuge sich vor dir und singe dir,
singe deinen Namen.
Kommt und schaut die Werke des Herrn,
der so gewaltig ist in seinem Tun über den Menschenkindern.
Er wandelt das Meer in trockenes Land,
sie schreiten zu Fuß durch den Strom,
und wir freuen uns seiner.
Er herrscht ewig mit seiner Gewalt.
Seine Augen schauen auf die Völker,
Empörer können sich nicht erheben vor ihm.
Du hast uns in Bedrängnis geführt,
hast unserer Schulter Lasten auferlegt,
Menschen taten uns Gewalt, wir schritten durch Wasser und Feuer,
aber du hast uns herausgeführt in die Freiheit. (Psalm 66)

Wenn der Psalm sagt: „Er wandelt das Meer in trockenes Land", dann meint er die Geschichte vom Durchzug Israels durch das Rote Meer aus seiner Knechtschaft in die Freiheit. Und wenn er in der nächsten Zeile sagt: „Sie schreiten zu Fuß durch den Strom", dann meint er die Szene, wie Israel nach vierzig Jahren der Wüstenwanderung den Jordan überschreitet, aus der Heimatlosigkeit in die Geborgenheit eines guten Landes. Er meint die vierzig Jahre nach der Flucht aus Ägypten erfolgte Einwanderung in Kanaan und den Übergang über den Jordan von Osten her auf der Höhe von Jericho. Der Bericht will sagen: Was am Anfang geschah – das Wunder einer Befreiung – das geschah noch einmal am Ende der Wüstenzeit: Wir zogen trockenen Fußes durch den Grenzfluß.

Es liegt aber in diesem Bild noch eine dritte Geschichte, die nämlich, die erzählt, Jesus sei seinen Jüngern einmal begegnet, während er auf dem Wasser gegangen sei. Da stehen nun die Menschen am Ufer und sehen, wie Jesus über das Wasser geht. Und Jesus wandert, wie es die Geschichte vom Meerwandeln erzählt, durch den Fluß. Er trägt das Buch, das von der Nähe des rettenden Gottes erzählt, und das Kreuz in der Form eines verkürzten Lanzenkreuzes.
Die Geschichte vom Durchzug durch das Rote Meer erzählt, Mose habe seinen Stab genommen und das Meer geschlagen, ihm also seine von Gott ihm verliehene Macht gezeigt, und das Meer habe ihn gefürchtet und ihm gehorcht, so daß das Wasser wich und das Volk auf dem trokkenen Grund habe hindurchgehen können.

Das Bild verändert die Geschichte: Mose mußte das Meer schlagen. Christus geht unbewaffnet auf dem Meer, und das Meer trägt ihn. Er trägt nur das Kreuz als Zeichen der Überwindung von Angst und Tod. Es ist kein Kampf gegen die Elemente mehr nötig. Kein Kampf gegen das Böse. Kein Kampf gegen den Tod. Und so geht die Kirche hinter Christus her. Auch ihr ist kein Kampf aufgetragen gegen irgendwelche

Mächte des Abgrunds. Ihr ist aufgetragen, das Evangelium von Christus in aller Wehrlosigkeit zu den Menschen zu bringen und als ihr Zeichen nur das Kreuz zu führen. Und so, in Christus, ist die alte Geschichte wahr bis ans Ende der Zeit.

Dies ist unter den Bildern des Stuttgarter Psalters eines der tiefsten und der ergreifendsten. Zwischen zwei Türmen spannt sich über die ganze Breite des Bildes ein Kirchengebäude, in das wir über die geöffnete Seitenwand hineinsehen. Gemeint ist einerseits der Tempel in Jerusalem, denn es ist David, der unter dem mittleren Joch steht. Aber gemeint ist andererseits die Kirche der Christen, wie sich an den auf den Turmspitzen stehenden Kreuzen ablesen läßt. Was also damals im Tempel geschah, das geschieht nun oder soll nun geschehen in der christlichen Kirche.